L'École

de

Sorèze

AUTREFOIS

AUJOURD'HUI

TOULOUSE

IMPRIMERIE ET LIBRAIRIE ÉDOUARD PRIVAT

45, Rue des Tourneurs, 45

1896

VUE GÉNÉRALE DE SORÈZE.

L'École

de

Sorèze

AUTREFOIS

AUJOURD'HUI

TOULOUSE

IMPRIMERIE ET LIBRAIRIE ÉDOUARD PRIVAT

45, Rue des Tourneurs, 45

1896

SORÈZE

I.

L'ANCIENNE ÉCOLE

D'après une tradition appuyée sur les plus sérieux documents, l'abbaye de Sorèze fut fondée par Pépin d'Aquitaine. Primitivement, les constructions occupaient l'espace qui se trouve maintenant compris entre l'ancienne église et la nouvelle. Mille ans plus tard elles devaient être transférées où on les voit aujourd'hui.

Toutefois, ce ne fut qu'en 1682, le 12 octobre, que la maison d'éducation proprement dite fut inaugurée par les soins intelligents et actifs d'un religieux qui peut, à bon droit, être considéré et vénéré comme le premier fondateur de l'École : Dom Jacques Hody.

Le *Séminaire,* comme on disait alors, eut un tel succès, que les nouveaux locaux eux-mêmes devinrent bientôt insuffisants.

Les bénédictins Dom Victor de Fougeras, savant d'une vaste et solide érudition, et plus tard dom Despaulx, que Napoléon devait inscrire le premier sur la liste des Inspecteurs généraux de l'Université naissante, furent les deux principaux personnages dont il plut à la Providence de se servir pour donner la dernière forme à une institution dont la renommée devait s'étendre dans toutes les parties du monde civilisé.

Par les soins de dom Despaulx, Louis XVI reconnut l'École comme royale militaire, c'est-à-dire qu'il la prit sous sa protection et y plaça, chaque année, un certain nombre d'élèves entretenus aux frais de l'État.

Les choses en étaient là; la réputation de Sorèze allait grandissant, lorsque le coup de foudre de la Révolution éclata sur la France. L'École eût été inévitablement entraînée dans l'effondrement général, sans la présence du plus jeune des religieux qui la sauva par son énergie et son savoir-faire : Dom François Ferlus, aidé puissamment par son frère Raymond-Dominique Ferlus.

Resté à Sorèze avec quelques confrères, dom François Ferlus, natif de Castelnaudary, acheta l'École dont il devint tout à la fois propriétaire et directeur.

L'ancienne École avait eu des siècles de gloire;

COUR D'HONNEUR. — STATUE DU P. LACORDAIRE

elle connut son déclin. Il lui restait cette auréole que ses disciples lui avaient faite de leur propre célébrité.

Dom Claude Devic, collaborateur de dom Vaissete à l'*Histoire générale de Languedoc*, le chevalier de Belle-Isle, qui mourut si glorieusement à Exiles, furent élèves du *Séminaire* (première période de l'École). Le généralissime de la Vendée, Henri de Larochejaquelein; le tacticien marquis de Traversey; l'historien abbé de Montgaillard; le contre-amiral Peytes de Montcabrier; les criminalistes Laplagne-Barris, Charles Nouguier, conseiller à la Cour de cassation, auteur du traité le plus complet sur les *Cours d'assises;* les généraux Caffarelli, Marbot, Fornier, Déjean, Musquiz; le professeur Baumes; le philosophe Azaïs; Andréossy, le savant ingénieur qui traça et résolut le problème du canal du Midi, furent élèves de l'École royale et militaire.

L'École, sous la direction des deux frères Ferlus, devint célèbre dans les deux mondes. Le ministre de la marine Théodore Ducos; l'économiste Frédéric Bastiat; le constructeur de navires Arman; les frères Cauvet, l'un magistrat, l'autre directeur de l'École centrale, à Paris; les généraux Guingret, Paulin Gazan, Fabvier, Bouscarens, Bentzmann, Nayral, Pujade, de Laumière, tué au siège de Puebla; le général Espinasse, tué sur le champ de bataille pendant la guerre d'Italie; l'intendant général de Séganville;

les inspecteurs généraux des ponts et chaussées
Baude, Chambrelent, membre de l'Institut; les ingé-
nieurs en chef Montet, Borrel [1], Lieussous; les professeurs Brassinne, Boisgiraud; Anthelme Célicourt,
membre depuis quarante ans soit du Corps législa-
tif, soit du Conseil exécutif de l'île Maurice; Nubar-
Pacha, naguère encore président du Conseil des
ministres en Égypte; Bourbeau, ministre de l'Instruction publique sous le second Empire; le premier
président Darnis, notre dernier premier Président
de la Cour de Metz, furent des élèves des Ferlus et
d'Anselme de Bernard.

Après l'Empire, à qui elle avait donné des généraux et d'autres hommes distingués; après la Res-
tauration, à qui elle inspira des inquiétudes; au
lendemain de la loi qui inaugurait la liberté d'enseignement et qui était en partie la conquête de
Lacordaire, l'École de Sorèze allait recevoir une vie
nouvelle au souffle puissant du plus grand orateur
du siècle. C'est l'âge d'or de cette illustre maison à
laquelle le saint religieux venait demander « le tombeau durant la vie, l'hospitalité dans la mort, pour
l'une et pour l'autre un bienfait [2] ».

1. Né à Sorèze, entré premier à l'École polytechnique et sorti premier.

2.   VIVENTI SEPULCRUM.
                     MORIENTI HOSPITIUM.
                     UTRIQUE BENEFICIUM.

                              (Épitaphe du P. Lacordaire
                               composée par lui-même.)

VUE DU PARC.

II

L'ÉCOLE DU P. LACORDAIRE

Le grand orateur de Notre-Dame se faisant, selon son humble expression, *maître d'école*, a tracé de sa main ce programme de son enseignement, qui demeure le nôtre :

« La religion y tient et y doit tenir le premier rang, parce qu'elle est la science de Dieu, de l'âme et des destinées, la plus grande lumière de l'homme, sa force décisive contre les passions des sens et de l'esprit, enfin le seul instrument de sa félicité. Les lettres viennent après ; elles sont, avec le christianisme, le principe de toute civilisation. L'intelligence qui les ignore demeure à l'état inculte, le peuple qui les méprise, à l'état de barbarie. Si elles n'apprennent pas à tous, même à ceux qui les aiment, le secret de bien dire, du moins elles les rendent sensibles au charme du beau dans la parole vivante et dans la parole écrite ; elles leur inspirent le goût qui jouit des œuvres de la pensée, et fait de l'intelligence un inépuisable trésor de pures et intimes satisfactions.

« Les sciences appelées physiques viennent en troisième lieu ; elles ont trait à la matière, et si leur résultat indirect n'est pas inutile au développement de l'ordre moral et religieux, leur effet le plus immédiat comme le plus constant est d'ouvrir au monde les sources du bien-être.

« Au-dessus des sciences physiques par un côté, celui du beau, au-dessous d'elles par un autre, celui de la vérité, se placent les arts de l'esprit, tels que la musique, le dessin, la peinture. Une éducation complète ne saurait les négliger. Outre qu'ils achèvent la formation du goût, ils sont le principe de jouissances plus pures que celles du corps, et celui qui n'atteint pas jusqu'aux saintes voluptés des lettres peut trouver dans les arts une consolation toujours divine.

« Enfin, les arts du corps, tels que l'équitation, la gymnastique, le maniement des armes et l'escrime, ne sont pas indifférents au succès d'une éducation qui ne veut rien omettre de ce qui convient à l'homme pour ne rien perdre de lui. Les forces du corps sont la condition d'une vie bien pondérée, et ses grâces ne sont inutiles ni à l'éloquence qui veut persuader, ni à la bonté qui veut plaire, ni au chrétien qui veut porter dignement toute l'œuvre de Dieu dans sa personne et la présenter sans orgueil comme sans honte au respect de ses semblables.

« Sorèze, dans la vaste ordonnance de sa discipline, a pourvu à la distribution de tous ces éléments. Ce n'est ni un cloître voué à l'enseignement exclusif

CHAPELLE. — TOMBEAU DU P. LACORDAIRE.

du grec et du latin, ni une caserne dédiée aux sciences physiques comme au seul moyen libéral et progressif de culture, ni une académie d'agrément propre à former de jeunes héritiers aux honneurs et aux plaisirs des salons : c'est une école où la religion, les lettres, les sciences, les arts, c'est-à-dire le divin, le vrai, le réel, le beau et l'aimable, se partagent les heures d'un jeune homme et se disputent son cœur, afin de jeter en lui les fondements si difficiles et si complexes d'une vie. »

C'est à la réalisation de ces vues élevées que le Père Lacordaire consacra les sept dernières années de sa trop courte vie.

Ses fils conservent religieusement son cabinet de travail, ainsi que l'humble cellule où il a rendu sa belle âme à Dieu. Mais la relique la plus précieuse est le tombeau de ce grand homme, qui fut aussi un grand saint. Il se trouve dans le chœur de la chapelle des élèves, et c'est là que maîtres et disciples puisent aujourd'hui leurs inspirations pour les besoins présents et à venir.

III.

L'ÉCOLE ACTUELLE

Aspect de l'École. — Son esprit.

L'École de Sorèze occupe une superficie de 11 hectares environ. Elle est située dans le Tarn, au point de jonction de ce département avec l'Aude et la Haute-Garonne, à l'entrée d'une vallée profonde, vers l'extrémité d'une chaîne de montagnes, qui s'appuie au massif des Cévennes et vient expirer en face des dernières ondulations des Pyrénées.

C'est la campagne assez rapprochée des villes pour que la vie intellectuelle y conserve sa vigueur, assez éloignée pour n'avoir rien à craindre des distractions dont le *moindre* danger est de compromettre les bonnes études, avec un climat reconnu comme exceptionnellement salubre, et un site privilégié dont les Soréziens de tous les âges gardent à jamais le souvenir[1].

Le nom seul du Père Lacordaire et les souvenirs qu'il éveille suffisent pour indiquer que l'esprit de

[1]. Lire plus loin très attentivement le rapport médical sur l'*Éducation à cure d'air* ou *Pneumothérapie*.

PARC. — BASSIN DE NATATION.

l'École est ardemment patriotique et profondément chrétien.

Les Dominicains se croiraient coupables s'ils n'élevaient pas la jeunesse dans l'amour de la patrie et dans la résolution de ne rien épargner pour lui rendre son antique grandeur.

Comme ils sont convaincus que les vertus du citoyen, aussi bien que celles de l'homme privé, n'ont pas de meilleur fondement que la religion, ils y apportent un soin tout particulier.

A l'enseignement public viennent se joindre des entretiens intimes où le prêtre, agissant comme directeur des âmes, s'applique à former la conscience et le caractère de l'enfant. Il l'accoutume, autrement que par des règlements de discipline, qui provoqueront peut-être plus tard une fâcheuse réaction, à la pratique des sacrements de l'Église, en même temps qu'au respect de ses ministres et de son infaillible autorité; en un mot, il lui fait contracter des habitudes de piété et d'abnégation qui seront la sauvegarde de son avenir. Surtout, on fait entrer pour une large part, dans l'esprit religieux de l'École, le zèle et l'intelligence de la charité envers les pauvres, afin que les enfants apprennent de bonne heure les généreuses initiatives et la pratique éclairée d'une vertu qui doit tôt ou tard s'imposer à eux comme un devoir social.

.·.

Éducation à cure d'air.

Avec ses communications directes, ses confortables hôtels, son mouvement d'affaires, voire même ses distractions de tous genres, la grande ville ne peut moins faire que d'attirer les familles en quête d'une maison d'éducation. Mais ce qui est commode pour les parents est-il avantageux pour les enfants?

Le séjour de la grande ville est-il favorable à la formation de la jeunesse?

Il fut un temps où l'on s'inquiétait peu de ce côté de l'éducation; aujourd'hui, c'est la préoccupation des hommes spéciaux. L'expérience leur a démontré que la ville n'est bonne ni aux études, ni à la moralité, ni à la santé des enfants. C'est l'avis de tous les éducateurs sérieux, et leur raisonnement est bien simple.

Les études. — Le recueillement est indispensable au travail; or, comment se recueillir quand mille bruits du dehors, mille nouvelles à sensation arrivent par toutes les fenêtres?

La moralité. — Il suffit d'avoir vécu quelque temps dans une cité populeuse pour savoir que les âmes y sont, comme les corps, exposées à des émanations d'autant plus dangereuses qu'on les subit sans s'en douter et sans pouvoir s'en défendre.

La santé. — Comme les plantes, les jeunes orga-

SALLE DES FÊTES. — BUSTES DES GRANDS HOMMES DE L'ÉCOLE.

nes ont besoin pour se développer de lumière et d'air pur; les exposer à l'air vicié des grandes agglomérations, c'est les condamner fatalement à s'étioler, sinon à périr.

Ainsi, éducation intellectuelle, éducation morale, éducation physique, tout souffre du contact de la ville et tout réclame la campagne avec son air vivifiant, sa solitude et ses saines impressions. A ce point de vue, on peut affirmer sans crainte que l'idéal d'une maison d'éducation se trouve réalisé à Sorèze.

Voici un rapport médical qui démontre scientifiquement cette supériorité :

« La petite ville de Sorèze doit à sa situation au pied de la montagne Noire d'être aussi remarquable par la beauté de son paysage que par la douceur et la régularité de son climat.

« Le climat de Sorèze est essentiellement tempéré; le vent du Nord y souffle très rarement et n'est jamais violent; aussi les grands froids y sont-ils inconnus. D'un autre côté, le voisinage de la montagne avec ses eaux vives et ses grands ombrages entretient une fraîcheur constante et les chaleurs de l'été n'y sont jamais incommodes.

« Le vent le plus fréquent est le vent du Sud-Est ou vent d'autan qui amène toujours, même en plein hiver, une température très douce. Le Dr Houlès, qui a laissé à Sorèze la réputation d'un esprit particulièrement judicieux, attribuait à ces grands déplacements d'air des effets d'assainissement très importants. A son avis, c'est au vent d'autan, débarrassant le pays de tous les miasmes telluriques, que l'on devrait l'immunité à peu près complète dont jouit Sorèze à l'égard des maladies *épidémiques* et *infectieuses*.

« Les eaux y sont de qualité irréprochable. Captées avec le plus grand soin à leur émergence d'un rocher, elles sont amenées par des conduits souterrains dans toutes les parties de la ville et se trouvent, par conséquent, à l'abri de toute souillure. Or, il est démontré que le plus souvent les maladies *infectieuses* sont occasionnées par la mauvaise qualité de l'eau. Notons aussi la propreté exceptionnelle de Sorèze, propreté rendue facile par l'eau qui coule abondante et limpide dans toutes les rues.

« Ces avantages climatériques ne déterminèrent pas seuls le choix du P. Lacordaire; c'est que Sorèze possédait déjà un établissement d'une installation grandiose, et grâce à quelques améliorations, l'École de Sorèze fut bientôt aussi remarquable par son aménagement que par sa situation.

« L'espace ne manquait pas; on en a usé largement. Outre le parc, qui a une contenance de 6 hectares, chacune des divisions d'élèves a une cour bien aérée et ombragée par de magnifiques arbres séculaires. Les salles d'étude et de classe sont spacieuses et bien éclairées. Les dortoirs sont composés de ran-

COUR DES COLLETS-ROUGES.

gées de chambrettes où chaque élève couche séparément [1].

« L'infirmerie, récemment restaurée, comprend une salle commune avec bibliothèque et jeux divers, un cabinet de consultation et des chambres à coucher séparées qui ne reçoivent jamais qu'un élève seul. La nouvelle direction vient d'établir une *salle de bains* qui comprend dix baignoires, vingt-cinq bains de pieds et un cabinet d'hydrothérapie conformes au dernier progrès.

« Tous ceux qui s'occupent d'éducation savent combien il est utile, pour ne pas dire indispensable, d'équilibrer le travail intellectuel avec un travail physique correspondant. A Sorèze, on applique ce principe plus que partout ailleurs. Aussi y voit-on *deux gymnases* magnifiquement installés, l'un au grand air, l'autre couvert; *deux salles d'armes, deux manèges,* un *bassin de natation* de 100 mètres de long avec canot pour l'exercice des rames. Tous les autres exercices du corps y sont en grand honneur; les amusements les plus variés sont offerts ou au besoin imposés aux élèves. Outre les promenades ordinaires qui ont lieu plusieurs fois par semaine, les

1. Un beau dortoir vient d'être établi avec six fenêtres donnant sur le parc, pour les *tout petits enfants,* à côté de l'infirmerie. Il sera occupé par les élèves de *neuvième* et de *huitième,* sans qu'ils soient *séparés,* comme les autres élèves, dans les chambrettes. Les lits sont rangés à côté les uns des autres. La salle, vaste et bien aérée, sera chauffée pendant l'hiver.

élèves sont fréquemment conduits par petits groupes et à titre de récompense à de longues excursions dans la montagne. Une *promenade à cheval* est accordée aux grands jeunes gens les plus méritants.

« Il n'est pas étonnant que dans de pareilles conditions d'hygiène beaucoup d'enfants subissent une véritable transformation dans leur santé pendant leur séjour à Sorèze. Combien de fois les parents en ont manifesté leur agréable surprise! Des enfants arrivés débiles, névrosés, sans appétit, décolorés et tristes sont, après quelques mois de séjour à l'École, pleins de vigueur, d'entrain, de gaieté, et se développent avec une régularité parfaite.

« La conclusion de toutes ces remarques est que l'École de Sorèze est unique par sa situation et son climat; que son installation répond complètement à toutes les exigences de l'hygiène, à tel point qu'elle pourrait tout aussi bien être un *sanatorium* pour la catégorie actuellement si nombreuse des *anémiques* et des *névrosés.* »

Dᵣ Rossignol.

.*.

Organisation intérieure.

L'administration de l'École est partagée entre différents membres qui ont chacun leur attribution spéciale.

GALERIE DES COLLETS-ROUGES.

Le T. R. P. Directeur, ou, en son absence, le R. P. Sous-Directeur, exerce une juridiction universelle. Il prend en Conseil les décisions importantes, et c'est à lui qu'on s'adresse pour les permissions exceptionnelles et pour tout ce qui est d'intérêt général.

Le R. P. Censeur, investi d'une pleine autorité disciplinaire, est chargé de maintenir l'ordre et de faire exécuter le règlement. Il donne les permissions courantes à l'intérieur.

Le R. P. Régent des études veille à l'exécution du programme dans chaque classe, et il a la responsabilité de tout ce qui regarde l'enseignement.

Le R. P. Économe est chargé du matériel et des rapports avec les parents pour la pension et l'entretien des enfants.

Les élèves sont séparés, suivant leurs classes, en divisions, qui se distinguent par la couleur du collet, différente pour chacune d'elles. La première division porte le *collet rouge;* la deuxième, le *collet bleu;* la troisième, le *collet jaune.* La division où se trouvent les élèves les plus jeunes forme une *Petite École.*

La Petite École a le *collet vert.* Le règlement y est sensiblement plus doux, les études moins prolongées, les récréations plus fréquentes. C'est la famille avec son affectueuse sollicitude et ses soins attentifs, ayant de plus la vie en commun, favorable au développement physique et intellectuel de l'enfant.

Les élèves de la classe de Neuvième sont plus spécialement confiés aux soins d'une religieuse qui les garde constamment auprès d'elle pendant les études et les classes.

Chaque division a son quartier distinct, avec deux préfets de discipline et un domestique.

Outre les professeurs titulaires, les classes ont des maîtres de spécialités telles que l'histoire et la géographie, les mathématiques, l'histoire naturelle, la chimie, la physique, les langues vivantes, le dessin et la peinture, etc.

Sauf pour les *Collets verts*, qui ont un règlement spécial, les heures de la journée sont distribuées de la manière suivante :

A cinq heures du matin, lever, prière et étude ; en hiver, à cinq heures et demie.

A sept heures un quart, déjeuner et récréation.

A huit heures, classe pendant deux heures, courte récréation, puis étude jusqu'à midi.

A midi, dîner, récréation d'une heure au moins, étude jusqu'à deux heures pour les *Collets rouges*, jusqu'à deux heures et demie pour les *Collets bleus* et les *Collets jaunes*, et, pour tous, classe jusqu'à quatre heures.

A quatre heures, goûter suivi d'une récréation. L'étude du soir, qui commence à quatre heures trois quarts, est généralement coupée par une classe d'une heure.

MUSÉE.

A sept heures trois quarts, prière et souper. Le coucher suit immédiatement pendant l'hiver. Il est suivi d'une dernière récréation pendant les grands jours. Au besoin, une veillée est accordée aux élèves qui préparent un prochain examen.

L'École assiste en corps aux offices du dimanche et à la messe du jeudi. Ces mêmes jours, il y a promenade générale, et le souper est devancé de demi-heure, ainsi que le coucher.

La table est celle des familles aisées. Des vaches laitières, appartenant à l'établissement, pourvoient avec abondance au déjeuner des élèves et aux divers besoins de la cuisine et de l'infirmerie. Les salles d'études et les classes sont chauffées pendant l'hiver. Durant la nuit, deux veilleurs circulent dans les dortoirs où chaque enfant a sa petite chambre séparée. Lorsqu'un élève est souffrant, il trouve à l'infirmerie tous les soins que réclame son état.

Des religieuses sont chargées de l'infirmerie et de la lingerie.

Enseignement.

L'enseignement classique, dirigé par le R. P. Régent des études, est divisé, selon l'usage ordinaire, en dix années commençant avec la Neuvième pour finir avec la Philosophie. Le programme des études est en principe basé sur celui de l'Université, et embrasse toutes les parties qui conduisent aux deux baccalauréats. Si un élève désire entrer dans quelque école du Gouvernement, la direction se charge de l'y faire préparer.

En dehors des classes régulières de lettres et de sciences, il existe un *cours spécial de français* où est enseigné tout ce qu'un jeune homme doit savoir pour entrer dans les diverses carrières où le baccalauréat n'est pas exigé.

L'enseignement pour le *baccalauréat moderne* est donné également.

L'étude des langues vivantes, de l'allemand ou de l'anglais, devient, à partir de la *huitième, obligatoire* dans chaque classe. Il en est de même du cours de dessin. Le latin est commencé à la rentrée de septième.

Le programme de l'année scolaire est divisé en trois parties à peu près égales. La première comprend le travail qui doit se faire depuis la rentrée jusqu'au mois de janvier; la deuxième va du mois de janvier à Pâques, et la troisième, de Pâques aux grandes vacances.

A part les inspections privées que peut faire le Régent dans les classes, deux examens généraux contrôlent et sanctionnent chacune des deux parties du programme vers Pâques et à la fin de l'année;

DIGNITAIRES DE L'ECOLE.

des *interrogations* sont faites à diverses reprises par un examinateur qui n'est pas le professeur de l'élève. Il y a des prix d'examens.

Le dessin, le solfège, la gymnastique et l'exercice militaire sont obligatoires pour tous. La musique instrumentale est facultative, ainsi que l'escrime et l'équitation.

.*.

Niveau des études à Sorèze.

Grâce à cette puissante organisation des études, nous sommes loin du temps où les détracteurs de l'École répétaient cet axiome : « On n'apprend que deux choses à Sorèze : à monter à cheval et à se présenter dans un salon. » Nous ajoutons sans fausse modestie : « Et aussi à être bachelier, Saint-Cyrien, Polytechnicien, Central, Normalien, et puis officier, magistrat, ingénieur, etc., et surtout homme d'honneur. » Oui, les arts d'agrément, qui font d'ailleurs le charme de la vie, sont en grand honneur à Sorèze ; outre la musique, l'élève y apprend à manier une épée, à se tenir à cheval, à agir avec l'aisance qui vient de la vigueur. C'est une supériorité qu'il a sur bon nombre de jeunes gens moins bien élevés que lui ; mais il faut le dire très haut, parce que c'est la vérité : le Sorézien n'en fait pas moins bonne figure devant les examinateurs quand est venu le moment d'y paraître ; les chiffres sont là pour en témoigner[1].

La réalité est donc que les études classiques sont à Sorèze l'objet d'une sollicitude qui est loin de se rencontrer partout. Pour le prouver, il n'y aurait qu'à parler des *programmes*, qui sont ceux de l'Université, sauf quelques améliorations de détail ; de leur *exécution*, suivie pas à pas, dans chaque classe, par le Régent des études ; des moyens d'*émulation* ; des *soins* donnés aux plus faibles comme aux plus forts, les *queues* de classe n'étant pas admises dans l'École ; enfin, du savoir et du dévouement du corps professoral tout entier, composé d'hommes pourvus de leurs grades[2] et rompus aux choses de l'enseignement.

La préparation aux Écoles du Gouvernement : *École polytechnique, Saint-Cyr, École normale, École forestière, navale*, etc., se fait à Paris à l'*École Lacordaire* ; des *conditions de faveur* y sont assurées aux Soréziens pour le prix de la pension.

1. De 1877 à 1885, l'École a donné *trois cent trente-cinq bacheliers*, soit une moyenne de dix-huit et fractions. Sur ce nombre, *un quart* des candidats ont obtenu des *mentions*. Les anciens élèves qui ont été admis dans les Écoles du gouvernement et qui occupent en ce moment des situations élevées dans l'armée, la magistrature, l'industrie, etc., sont la meilleure preuve de la valeur de nos études.

2. Les professeurs des premières classes sont tous *licenciés*, celui de rhétorique est *agrégé*.

MANÈGE. — LEÇON D'ÉQUITATION.

Sorèze prépare directement à l'*Institut agronomique*, à l'*École d'agriculture* et aux *Écoles supérieures du Commerce* (Marseille, Lyon, Bordeaux, etc.). Le succès dans les examens, à la sortie de ces trois sortes d'établissements, donne l'avantage de ne faire qu'un an d'exercice militaire, d'ouvrir des carrières utiles, ou au moins de former à des applications techniques pour l'agriculture et les affaires.

* *

Moyens d'émulation.

Afin d'inspirer le goût de l'étude et de concourir à la bonne éducation, non moins importante que l'instruction elle-même, de nombreux moyens d'émulation sont établis à Sorèze.

Le premier et le plus important consiste à tenir fidèlement les familles au courant de ce que font les élèves et, au besoin, à en appeler à leur autorité. Dans les plans divins, l'éducation doit être l'œuvre du père et de la mère. Le collège n'est donc, au fond, que la succursale de la famille, et le devoir de l'instituteur est de s'appuyer sans cesse sur le concours des parents pour garantir les bonnes traditions du foyer domestique.

Chaque jour, dans toutes les divisions, on donne

aux élèves des *notes de conduite et de travail* dont la moyenne est proclamée, à la fin de la semaine, dans les études, par le R. P. Censeur, dans les classes, par le R. P. Régent. Ces notes sont graduées de 20 à 0, ainsi qu'il suit : 20 signifie parfaitement bien; — 18, très bien; — 15, bien; — 12, assez bien; — 9, passable; — 6, mal; 3, très mal; 0, nul. — Les notes intermédiaires expriment les nuances.

Chaque semaine, tout élève en écrivant à sa famille doit lui envoyer un bulletin hebdomadaire.

Tous les mois, les professeurs de spécialité donnent à leurs élèves des notes constatant le résultat obtenu pendant le mois; et ces notes, combinées avec celles des professeurs titulaires, sont résumées en un *classement mensuel* pour chaque classe. Un classement semblable a lieu pour l'étude, résultant de toutes les notes de discipline et d'application proclamées pendant le mois.

A l'aide de ces deux classements et des rapports des différents maîtres, on dresse le *tableau d'honneur*, qui est publié solennellement à la réunion générale du dimanche, dans la salle des fêtes. Le tableau d'honneur reste affiché tout le mois à la *Salle centrale*, ainsi que les classements mensuels. Chaque élève inscrit au tableau d'honneur prend part à une soirée, au milieu de ses maîtres.

Parmi les élèves inscrits au tableau d'honneur, celui qui a pleinement satisfait à tous ses devoirs

LEÇON D'ESCRIME.

reçoit un *certificat d'excellence,* valable pour un mois. Ce certificat, tant qu'il n'a pas été périmé par trois avertissements réguliers, entraîne l'exemption des punitions ordinaires.

La distribution solennelle des prix se fait la veille des grandes vacances. Le prix *d'instruction religieuse* est le plus élevé de l'École. Le *prix d'honneur* est donné aux meilleures notes de conduite et de travail.

En souvenir de l'ancienne École royale militaire, Sorèze a conservé des dignitaires qui portent le titre de *caporaux* et de *sergents,* et sont habituellement revêtus des insignes de leur grade. Les *arts* ont un *sergent de musique.* Au-dessus d'eux se placent les trois *grands dignitaires* de l'École : le *sergent-major,* le *maître des cérémonies* et le *porte-drapeau.*

Enfin, le titre d'*Étudiant d'honneur* peut être décerné comme une dernière récompense à l'élève qui a su le mieux s'attirer l'estime de ses maîtres et de ses camarades pendant sa carrière de Sorézien. Les étudiants d'honneur sont considérés et traités comme des amis de l'École et y reçoivent l'hospitalité.

Sociétés diverses.

Il existe à Sorèze trois Sociétés littéraires, qui recrutent leurs membres parmi les élèves les plus distingués dans chaque classe. Ces Sociétés sont : l'*Athénée* aux Collets rouges, le *Portique* aux Collets bleus et l'*Académie* aux Collets jaunes. Les membres de l'Athénée portent au collet deux palmes d'argent; ceux du Portique, deux étoiles; ceux de l'Académie, deux croissants.

Pour être admis dans ces diverses Sociétés, il faut : 1° être au tableau d'honneur; 2° réunir un certain nombre de places d'éminence dans les compositions; 3° présenter un devoir écrit ou oral qui soit accepté; 4° être élu par la majorité des membres déjà existants.

Rapports avec les parents.

Les enfants sont tenus d'écrire tous les dimanches à leur famille. La direction joint à leur lettre une *feuille imprimée* mentionnant leurs notes de la semaine et leur place de composition. Les parents reçoivent, à la fin de chaque trimestre, un bulletin détaillé sur la santé, la conduite et le travail de leurs enfants.

LEÇON DE GYMNASE AUX COLLETS-JAUNES.

Une permission est nécessaire pour correspondre avec d'autres personnes que les membres de la famille.

Les visites du parloir sont fixées au jeudi et au dimanche, pendant le temps des récréations. *Le parc est toujours* à la disposition des parents qui viennent visiter les élèves. On peut voir à toute heure du jour un enfant qui est à l'infirmerie. Ceux qui ont leurs sœurs au Pensionnat dirigé par les Religieuses, établi à Sorèze même, reçoivent leur visite chaque dimanche, dans un salon spécial. Une fois par semaine, ou plus rarement, il peut y avoir ce qu'on appelle le *parloir des frères*. C'est la réunion des élèves de divisions différentes qui sont proches parents.

Les enfants peuvent sortir le *premier dimanche* et le *troisième jeudi* du mois, de dix heures à cinq heures un quart, en hiver, et à huit heures pendant le régime d'été. La famille seule est autorisée à faire sortir l'élève en ville. Les externes et les internes des environs n'ont sortie que tous les quinze jours, comme les autres.

Trois grandes fêtes de l'École fournissent aux parents une occasion très favorable pour venir à Sorèze : *la Sainte-Cécile*, fête patronale de l'École, qui tombe pendant le premier trimestre ; *le carnaval*, pendant le deuxième ; et pendant le troisième, la *Pentecôte*, à laquelle se fait solennellement la réunion des *anciens élèves* et se célèbre la fête du T. R. P. Directeur. Des séances littéraires et musicales accompagnent ordinairement chacune de ces fêtes, et une lettre d'invitation prévient les familles du jour précis où elles doivent avoir lieu.

Un *salon de conversation, de lecture* et *de correspondance* est ouvert aux parents dans l'École pour les heures de la journée et de la soirée où ils ne peuvent jouir de la présence des enfants. Ce salon ne sera fermé qu'à l'heure où l'École elle-même est fermée, à 9 heures et demie du soir. Cette disposition permet aux familles de se réunir ensemble et de passer agréablement le temps qu'elles trouveraient long dans une chambre d'hôtel.

Il y a des vacances au nouvel an, à Pâques et à la fin de l'année scolaire.

Une circulaire annonce les vacances aux parents et en détermine la durée exacte. L'École se charge de faire accompagner les élèves, aller et retour, dans toutes les directions.

.
. .

Conditions d'admission.

Les enfants sont admis à l'École dès l'âge de sept ans environ. Ceux qui ont passé par un autre établissement doivent présenter un certificat de *bonne*

BAINS DE PIEDS.   DOUCHES. — BAINS.

conduite très nettement formulé. Il faut des ren-
seignements très favorables pour faire accepter un
nouveau *déjà grand*.

Nota. — Les conditions pécuniaires pour le prix de la pension, les leçons particulières. etc., sont fixées sur une feuille
annexée à cette notice.

* *

Voies de communication.

Les moyens d'arriver sont faciles.

Pour venir à Sorèze, il faut, à Castelnaudary,
prendre l'embranchement de Castres, et s'arrêter à
la troisième station, qui est celle de Revel-Sorèze :
trajet de demi-heure. Là, on trouve des omnibus qui
font le service de Sorèze. C'est un parcours de vingt
minutes.

Les familles sont *absolument* sûres de trouver à
la gare, à *chaque train,* une voiture : soit l'omnibus
ordinaire, soit celui de l'*École* pour les trains que
l'omnibus de la ville ne dessert pas.

Il en est de même pour le départ de Sorèze.

La ville a un *bureau télégraphique,* des hôtels et
des *appartements* à louer pour les familles qui dési-
rent y avoir *un pied à terre.*

De Sorèze, il est aisé de faire des excursions très
agréables, soit à Saint-Ferréol, soit à Lampy, soit à

la charmante vallée de Durfort, qui rappelle la
Suisse.

. .

Correspondance.

On peut toujours s'adresser directement au T. R.
P. Directeur pour tout ce qui intéresse les enfants.
Les parents correspondent aussi avec le R. P. Censeur pour ce qui concerne la discipline, avec le
R. P. Régent pour les questions d'enseignement,
avec le R. P. Économe pour les fournitures et pour
tous les règlements de compte. — Les lettres ou
dépêches qui ne sont pas personnelles doivent porter simplement le titre du Directeur, auquel on écrit,
sans nom propre, avec l'adresse que voici :

ÉCOLE DE SORÈZE

(TARN)

Toulouse. Imp. DOULADOURE-PRIVAT, rue St-Rome, 39. — 1897

JEUX AUX COLLETS-JAUNES.